글쓴이 **캐서린 바**는 대학교에서 생태학을 전공하고
그린피스에서 활동하다가 언론을 공부했어요. 이후 자연사 박물관 에디터가 되어
전시회에 필요한 글을 쓰고, 교육 자료를 편집했어요. 그동안 쓴 책으로
《신비하고 아름다운 우주》, 《어린이를 위한 첫 세계사》 등이 있어요.

글쓴이 **스티브 윌리엄스**는 웨일스 대학교에서 해양 생물학과
응용 동물학을 공부했어요. 바다에서 8년을 보냈고, 지금은 중학교에서
학생들을 가르쳐요. 천문학에도 조예가 깊고, 꿀벌도 열심히 키워요.

그린이 **에이미 허즈번드**는 리버풀 예술학교에서 그래픽 아트를 공부했어요.
첫 그림책 《디어 미스》(Dear Miss)로 2010년 캠브리지셔 어린이그림책상을 받았어요.

그린이 **마이크 러브**는 애버리스트위스 예술학교를 졸업한 뒤로, 다양한 작품에 즐겁게 참여하고 있어요.

옮긴이 **황세림**은 대학교에서 미학을 전공하고 대학원에서 비교문학을 공부했어요.
책이 좋고, 원문 고유의 울림이 좋고, 우리말의 무한한 가능성이 좋아서 꾸준히 번역을 하고 있어요.
옮긴 책으로는 《지구의 역사가 1년이라면》, 《신비하고 아름다운 우주》, 《고래가 걸었다고?》 등이 있어요.

| 교양학교 그림책 |

기후 변화 이야기

초판 1쇄 2021년 11월 8일
글쓴이 캐서린 바, 스티브 윌리엄스 | 그린이 에이미 허즈번드, 마이크 러브 | 옮긴이 황세림
펴낸이 황정임 | 펴낸곳 도서출판 노란돼지 | 경기도 파주시 문발로 115 (파주출판문화정보산업단지), 307 (우)10881
전화 (031)942-5379 | 팩스 (031)942-5378 | 등록번호 제406-2009-000091호 | 등록일자 2009년 11월 30일
편집 김성은, 박예슬 | 마케팅 이주은, 이수빈, 고예찬 | 경영지원 손향숙 | 디자인 유고운, 이재민

도서출판 노란돼지는 독자 여러분의 의견을 기다립니다. yellowpig.co.kr | 인스타그램 @yellowpig_pub
ISBN 979-11-5995-273-9 77450 ⓒ 노란돼지 2021

The Story of CLIMATE CHANGE: A First Book About How We Can Help Save Our Planet

First published in 2021 by Frances Lincoln Children's Books, an imprint of The Quarto Group.

기후 변화 이야기

지구가 점점 뜨거워진다고?

캐서린 바 · 스티브 윌리엄스 지음
에이미 허즈번드 · 마이크 러브 그림, 황세림 옮김

노란돼지

수십억 년 전에는 지구가 아주 뜨거웠어요.

불덩어리 같은 지구 곳곳에서 시뻘건 용암이 강처럼 흐르고 시커먼 돌덩이가 굴러떨어졌어요. 분화하는 화산에서 먼지구름이 솟구쳐서 하늘을 뒤덮었지요. 유독한 기체들이 소용돌이치며 지구를 감쌌고 원시 대기*를 이루었어요.

* 원시 대기 - 지구에 생긴 최초의 대기. 질소나 이산화탄소가 풍부하고, 산소는 없었다고 해요.

시간이 흘러 지구 온도가 낮아지자, 구름이 생기고 용암이 식었어요.
우주에서 날아드는 차디찬 혜성도 지구에 부딪쳐 녹았어요.
비가 내리기 시작했고, 검붉은 지구는 바다가 차오르면서 푸르게 변했어요.

드넓은 바다에서 최초의 생명이 탄생했어요. 그리고 언제부턴가 아주 작은
남조류가 생겨나 햇빛을 받아 성장했지요. 남조류가 산소를 내뿜으면서
지구의 대기도 차츰 달라졌어요.

이윽고 식물이 번성하면서, 공기 중의 산소도 점점 늘었어요.

산소는 아주 강렬한 햇빛에 맞서 지구를 보호해 주었지요. 이제 동물은 물속뿐만 아니라 땅에서도 살 수 있게 되었어요. 생명은 계속해서 진화했어요.
거대 잠자리가 양치식물에 내려앉고, 양서류가 어기적어기적 물가를 오갔어요.
커다란 전갈과 온갖 벌레는 울창한 숲속을 조르르 기어 다녔어요.

새싹은 태양을 향해 쑥쑥 자라고 썩은 식물은 늪 속으로 가라앉았어요.
수억 년에 걸쳐 생명이 순환하면서 죽은 식물은 석탄으로 변했지요.

바다에서는 수명이 다한 박테리아와 조류, 플랑크톤이 밑바닥으로 내려앉았어요.
이 작디작은 생물들이 모래와 진흙에 파묻히고 짓눌려서 서서히 석유와 가스로 변했어요.
석유와 가스, 그리고 석탄은 오늘날 우리가 사용하는 화석 연료예요.

지구의 기후는 수십억 년 동안 일정한 주기로 더워졌다가 추워지기를 되풀이했어요. 지구가 따끈따끈 데워지고 꽁꽁 얼어붙는 과정에서 화석 연료도 더 많이 생겼어요.

지구의 기후는 대체로 무더웠어요. 대기가 담요처럼 지구를 둘러싸고 열을 가두었기 때문이에요. 온실 같은 지구에서 생명이 쑥쑥 자랐어요. 작디작은 박테리아부터 울창한 나무, 활짝 핀 꽃과 덩치 큰 공룡까지 온갖 생물이 번성했어요.

3억~6500만 년 전 ··········

그러다 재앙이 닥쳤어요! 6,500만 년 전 어느 날, 커다란 소행성이 지구에 충돌하면서 생명을 거의 다 파괴했어요. 온 사방에 자욱한 먼지가 태양을 가리자 공룡들은 차디찬 어둠에 갇혔지요. 생물들은 대부분 먹을 게 없어서 굶어 죽었지만 살아남은 생물도 있어요.

시간이 흘러, 소행성 충돌로 생긴 먼지구름을 뚫고 햇빛이 쏟아졌어요.

육지에 포유류가 번성하고 생명이 다시 폭발적으로 늘었지요. 몇백만 년에 걸쳐 사람도 진화하면서 세상을 탐험해 나갔어요. 사람들은 다양한 기술을 익히고 지식을 쌓았어요. 자연과도 조화를 이루며 살았지요.

6500만 년 전~약 1850년대

그러다 사람들은 화석 연료를 태워서 에너지를 얻는 방법을 터득했어요. 석유, 가스, 석탄을 태우고 새로운 에너지를 이용하면서 삶도 확 달라졌지요. 이제 사람들은 기차도 타고 다니고, 바쁘게 돌아가는 공장에서 일하고, 불을 환하게 밝힌 집에서 따뜻하게 살게 되었어요.

그런데 화석 연료가 타면서 이산화탄소라는 기체가 하늘로 뿜어져 나왔어요. 대기 중의 이산화탄소 농도가 점점 증가했지요. 사람이 지구상에 나타난 지 얼마 되지도 않았는데 벌써 공기가 달라지기 시작했어요.

세상이 발전하면서 인구는 점점 늘었어요.

사람이 많아지니 집을 짓고 농사를 지을 땅이 점점 많이 필요했지요. 집을 짓기 위해 나무를 베다 보니 숲은 점점 사라졌어요. 사람들은 자꾸자꾸 땅을 개간해서 작물을 심고 소나 양 같은 가축을 키웠어요. 인구가 느는 만큼 식량도 많이 필요하니까요.

1850년대 ~ 현대

하지만 가축을 많이 키우면 메테인이라는 온실 기체가 늘어요. 메테인은 주로 소가 트림하거나 방귀를 뀔 때 나와요. 메테인은 이산화탄소와 함께 열을 지구에 가두고 온실 효과를 거들지요.

이 해로운 기체는 도시의 쓰레기 더미가 썩을 때나 북극의 습지가 녹을 때도 새어 나와요. 지구 온난화로 전 세계 기온이 올라가고 얼어붙은 습지가 점점 녹는데요. 그러면서 아주 먼 옛날 저장된 메테인이 보글보글 터져 나오는데, 거품 크기가 자몽만 하대요.

과학자들은 습지에서 나오는 메테인 말고도, 먼 옛날 산악 빙하와 두꺼운 바다 얼음에 갇힌 공기 방울을 분석해서 기후 변화의 역사를 연구하고 있어요.

미국 하와이에 있는 마우나로아 관측소에서는 1958년 처음으로 대기 중의 이산화탄소 농도를 측정했어요. 킬링 박사가 그린 그래프를 보면, 이산화탄소 농도가 점점 증가하고 있다는 것을 알 수 있어요. 지구에 갇히는 열도 점점 증가한다는 뜻이지요.
과학자들은 지금도 그래프를 계속 그려 나가고 있어요.
처음 기록을 시작한 킬링 박사의 이름을 따서, 이 그래프를 '킬링 곡선'이라고 해요.

1958년 ~ 오늘날 · · · · · · · · · ·

오늘날 전 세계가 킬링 곡선을 눈여겨보는데,
가파른 상승 곡선을 보면, 인류 역사상 가장 빠른
속도로 기후가 변하고 있다는 것을 알 수 있어요.

기후가 변하면 우리 지구는 어떻게 될까요?

기온이 올라가면 바다가 열을 흡수해서 바닷물이 따뜻해져요. 이로 인해 바다 생태계의 균형이 흐트러지지요. 바닷물이 점점 따뜻해지면서 산호초 같은 서식지가 파괴되고, 세계 곳곳의 동식물이 점점 살 곳을 잃어요.

빙하가 녹으면서 육지를 덮은 얼음 평상*이 바다로 점점 빠르게 흘러내리니까, 해수면이 점점 높아져요.

* 얼음 평상 - 바다가 아니라 대륙에 있는 빙하. 산악 빙하가 산악 지역에서 발달하는 빙하라면, 얼음 평상은 대륙을 넓게 덮는 두꺼운 빙하를 말해요.

이에 따라 바닷물이 해안 깊숙이 밀려들면서, 바다거북 같은 동물이 바닷가 보금자리에 낳은 알을 위협해요. 해수면이 높아지면 육지도 잠기고, 고도가 낮은 섬 지역에 사는 동물과 사람도 위기에 처하지요.

극지방의 얼음이 녹으니까, 북극곰도 펭귄도 새끼를 낳고 먹이를 구하기가 점점 힘겨워져요. 발 딛고 사는 얼음이 점점 사라지니까요.

고래를 비롯한 여러 바다 동물은 크릴을 먹고 사는데, 새우와 닮은 이 작은 생물도 점점 사라지고 있어요. 삶의 터전이 되는 거대한 얼음 선반*이 점점 녹아 없어지기 때문이에요.

대기 변화의 영향으로 해류도 변하고 있어요. 이로 인해 폭우, 가뭄, 강풍 같은 기상 이변도 갈수록 심해지고 있어요.

*얼음 선반 - 대륙에서 바다로 뻗어 나가거나 대륙 가까운 바다에 떠 있는 두꺼운 얼음 덩어리.

기후 변화는 전 세계에 크나큰 영향을 끼치고 있어요. 허리케인은 날로 거세지고 가뭄은 점점 넓게 퍼지고 강수의 유형이 계속 바뀌니까 지구에서의 삶도 달라지는 거예요.

더운 지역에서는 사막이 점점 넓어지고 있어요.
숲은 점점 말라 가고요. 메마른 숲에서는 불이 잘 나고
순식간에 번져서 연기가 자욱해져요.
바다는 점점 따뜻해지고, 해안 지대는 물에 잠기고,
육지에는 폭풍우가 휘몰아쳐요.

세계 어디서나 식물이든 동물이든 급변하는 환경에 적응하거나 도망쳐야 해요. 코끼리 떼와 일부 동물은 물을 찾아 이주하지만 결국 메마른 강과 웅덩이도 거의 말라붙었어요. 숲에 사는 원숭이와 유인원류는 불타는 나무를 피해 이리저리 달아나고, 대서양에서는 지친 북극곰들이 녹아내리는 얼음 사이로 허우적허우적 헤엄쳐요. 결국, 가장 적합한 종만 살아남을 거예요.

기후 변화는 서식지를 파괴하고, 점점 더 많은 동식물을 위협해요. 이미 멸종한 동식물도 많아요.

기후가 변하면 사람들도 이주할 수밖에 없어요. 많은 사람들이 가뭄과 밀려드는 바다와 질병을 피해서 떠나요. 점점 살기 힘들어지니까 정든 고향을 등지고 더 안전한 곳을 찾아 떠나는 거예요.

홍수와 가뭄이 잦아지면 농부들은 농사를 지을 만한 땅을 새로 찾아 나서거나, 달라진 기상 조건에서도 잘 자라는 새로운 종자를 찾아야 해요.

불어난 바닷물은 해안 도시와 마을 안쪽까지 밀려들어 집터도, 일터도 집어삼켜요. 세계 곳곳이 점점 따뜻해지면서 모기가 말라리아 같은 질병을 널리 퍼뜨리고요. 혼잡한 도시에서는 건강 문제가 갈수록 늘어요.

그러다 보면 수많은 사람이 고향을 등지고 떠날 수밖에 없어요. 걸어서든, 자동차나 비행기나 배를 타고서든 말이에요. 새로운 보금자리와 안전한 삶과 식량을 찾아 어쩔 수 없이 떠나는 거예요.

부유한 나라에서는 화석 연료를 태워서 얻는 에너지로 많은 사람이 갖고 싶어 하는 물건을 만들어요. 이를테면 자동차 같은 거지요.

이런 물건을 원하는 사람이 점점 늘고 있어요. 다시 말하면 숲은 사라지고, 사람들은 공장 일자리를 찾아 복잡한 도시로 몰려들고, 쓰레기가 쌓인다는 뜻이에요.

기후 변화의 피해는 가난한 나라에서 더 심각해요. 남자들은 대부분 일자리를 찾아 북적대는 도시로 떠나고, 엄마와 아이들은 남아서 농장을 꾸려 나가요. 농사가 잘 안되면 배를 곯아요. 가뭄일 때는 물을 찾아 멀리까지 걸어야 해요. 물을 긷는 일은 주로 여성들, 특히 여자아이들 몫이에요. 그래서 여자아이들은 학교 갈 시간이 줄거나 아예 없어져요.

오늘날

가난한 나라의 여자아이들이 학교에 가면 좋은 점이 많아요.
너무 이른 나이에 결혼하지 않아도 되고, 어른이 돼서 더 건강한 가정을 꾸릴 수 있어요.
교육받은 여성들은 농장도 더 잘 꾸리고, 기후 변화에도 더 잘 대처할 수 있지요.

과학자들은 머나먼 극지방의 빙하부터 어두운 숲과 산꼭대기, 깊은 바다, 바삐 돌아가는 도시에 이르기까지 지구 곳곳에서 일어나는 다양한 변화를 연구해요.

자연, 특히 바다와 숲이 기후 변화를 늦추는 데 도움이 된다는 사실도 밝혀냈어요.

오늘날

바다에 햇빛이 비칠 때면, 아주 작은 해양 식물이 수없이 떠다니며 공기 중의 이산화탄소를 흡수하고 성장해요. 육지에서는 나무가 이산화탄소를 흡수하고 성장하지요. 하지만 숲을 베거나 태워 버리면, 나무에 저장된 탄소가 다시 공중으로 퍼져요. 바다가 따뜻해지면, 지나치게 늘어나는 온실 기체를 흡수하는 능력이 떨어지고요.

우리가 힘을 모아 바다를 돌보고 숲을 지키면, 전 세계 기후 변화를 일으키는 온실 기체의 증가를 막을 수 있어요.

아마존 숲은 세계에서 가장 큰 열대 우림인데,
기후 변화의 영향을 늦추는 데 정말 큰 도움이 돼요.

하지만 이 거대한 숲도 점점 사라지고 있어요. 숲에서 줄곧 살아온 원주민들은 드넓은 삶의 터전을 빼앗기고 있지요. 광활한 숲 지대를 개간해서 소를 키우고 농작물을 재배해서 먼 나라에 가축용 사료로 수출하려는 사람들 때문이에요.

오늘날

사람들이 고기를 덜 먹으면, 세상 곳곳에 있는 열대림을 살릴 수 있어요.
고기를 안 먹고 어떻게 사냐고요? 콩과 채소를 더 많이 먹고, 고기가 안 들어간
대체 식품을 먹으면 돼요. 햄버거를 대신하는 식물성 버거나 채소 파이 같은
색다른 먹거리가 점점 개발되는데, 맛도 있고 숲을 보호하는 일에도 도움이
되지요. 이런 노력과 실천이 기후 변화에 맞서 싸우는 데 참 중요해요.

아직도 우리는 주로 화석 연료를 태워서 에너지를 얻어요.

하지만 새로운 에너지가 조금씩 세상을 바꾸고 있어요. 녹색 에너지는 햇빛과 바람, 조류와 파도 등을 이용해서 얻어요. 화석 에너지를 대체하는 녹색 에너지는 무한에 가까운 자연 에너지를 원료로 계속 이용할 수 있는 에너지여서 재생 에너지라고도 해요. 지구를 오염시키지 않고도 계속 이용할 수 있는 깨끗한 에너지지요.

오늘날

우리는 매일 에너지를 이용해요. 에너지를 이용해서 이동도 하고 물건도 만들고 전깃불도 켜고 난방도 하지요. 그런데 건물을 지을 때 처음부터 열을 붙잡아 두는 구조로 지으면 에너지를 많이 절약할 수 있어요. 친환경 주택을 짓고 자전거를 타고 대체 연료를 사용하는 등 자연을 더럽히지 않는 녹색 에너지를 두루 활용해서 기후 변화에 맞서 싸울 수 있어요.

전 세계 과학자들은 인류가 기후 변화를 일으키고 있다는 사실을 입증했어요.

과학자들은 기후 변화를 둘러싼 정보를 모으고 지식을 공유하고 미래를 내다보며, 지구를 더 이상 망가뜨리지 않으려면 어떻게 해야 하는지 방법을 제안해요.

그레타 툰베리*를 비롯한 수많은 아이들도 목소리를 내고 있어요. 어린 활동가들은 기후 변화의 위협에 맞서 용감하게 문제를 제기하고 주장을 펼쳐요. 어린이도 지구를 걱정한다고 어른들에게 소리 높여 이야기하지요.

* 그레타 툰베리 - 스웨덴의 환경 운동가예요. 일찍부터 기후 변화의 심각함을 깨닫고 15세에 본격적으로 환경 운동을 시작했어요. 청소년이 주축이 되어 기후 변화에 맞선 대응과 실천을 촉구하는 '미래를 위한 금요일' 캠페인을 이끌었어요.

어린 활동가와 과학자들은
녹색 에너지를 사용하고, 지속 가능한
농업을 지지하고, 소비와 낭비를 줄이고,
자연 보호에 더 힘써 달라고 당부하고
있어요. 그러면 사람들이 빚은 지구의
위기를 끝낼 수 있어요.

우리는 기후 비상사태를 해결할 수 있는 여러 방법을 찾았어요.

그동안의 실수를 통해, 자연을 파괴하지 않고 조심스럽게 대해야 한다는 교훈을 얻었지요. 땅과 나무와 바다를 어떻게 돌보아야 할지, 사람과 야생동물을 비롯한 모두의 터전을 어떻게 보호해야 할지도 배웠어요.

우리는 지구와 조화롭게 공존하기 위해, 더 좋은 방법을 찾아 나가고 있어요. 세계 지도자들은 물론 나와 내 가족도 매 순간 소중한 지구를 지키는 길을 선택해야 해요.

우리 모두 나무를 심고, 고기를 덜 먹고, 물건을 덜 사고, 에너지를 절약하고, 쓰레기를 줄여 보아요. 기후 문제에 관심을 두고 가족, 친구들과 이야기를 나눠요. 기후 변화 이야기의 다음 장은 여러분이 직접 써 나갈 수 있어요.

알아 두면 좋은 환경 용어

대기 - 지구나 다른 행성을 둘러싸고 있는 여러 기체.

소행성 - 암석과 금속으로 이루어진 덩어리로, 태양 주위를 돈다.

남조류 - 아주 작은 생물로, 햇빛과 이산화탄소를 이용해서 스스로 영양분을 만들어 낸다.

이산화탄소(CO_2) - 지구상의 식물이 영양분을 만드는 데 이용하는 온실 기체. 화석 연료를 태울 때 공기 중으로 다시 나온다.

기후 변화 - 화석 연료를 태우는 등 인간의 여러 활동 때문에 최근 나타나는 전 세계적인 기상 변화.

기후 비상사태 - 전 세계적인 기후 변화로 지구상의 수많은 생물이 생존을 위협받는 상황.

혜성 - 얼음과 암석, 먼지로 이루어진 천체.

진화 - 생물이 오랜 시간에 걸쳐 변화하는 과정. 하나의 종이 새로운 종으로 진화하기도 한다.

멸종 - 한 생물종이 모두 죽어서 영영 사라지는 것.

화석 연료 - 화석화된 식물과 동물에서 얻는 천연연료. 석탄, 석유, 천연가스 등이 있다.

온실 효과 - 이산화탄소와 메테인 같은 온실 기체가 대기 중에 열을 붙잡아 두어 지구가 따뜻해지는 현상.

온실 기체(온실가스) - 태양열을 대기 중에 붙잡아 두어 지구 온난화를 가속하는 기체를 통틀어 일컫는 말.

메테인(메탄) - 온실 기체. 오늘날 대기 중에 있는 메테인은 대부분 사람들의 활동으로 발생한다.

3억~6500만 년 전

6500만 년 전~약 1850년대

1850년대~현대

1958년~오늘날

이주 - 사람을 비롯한 생물이 살아가는 데 알맞은 조건을 찾아 떠나는 것.

산소(O_2) - 색깔도, 냄새도 없는 기체. 식물이 만들어 낸다.
생물은 대부분 산소를 마셔야 살 수 있다.

플랑크톤 - 민물이나 바닷물에 사는 아주 작은 생물.
식물 플라크톤도 있고, 동물 플랑크톤도 있다.

재생 에너지 - 태양, 바람, 물 등 자연을 이용해서 얻는 에너지.
자연에서 꾸준히 얻을 수 있는 깨끗한 에너지다.

지속 가능성 - 자원을 다 써서 없애거나 자연 생태계를 파괴하지 않는 선에서
천연자원을 꾸준히 균형 있게 이용하는 것.

오늘날

오늘날

오늘날

오늘날